I0017993

MACBOOK RATGEBER FÜR SENIOREN 2025

Praktisches Handbuch für Erstanwender, um alle Funktionen zu entdecken, macOS sicher zu navigieren und den Laptop mit Vertrauen und Klarheit zu nutzen

ALBERT F. JOHNSON

VERZICHTSERKLÄRUNG

Dieses Buch dient nur zu Bildungs- und Informationszwecken. Es ist nicht mit Apple Inc. verbunden und wird von Apple Inc. nicht unterstützt. Alle Produktnamen und Warenzeichen gehören den jeweiligen Eigentümern.

Obwohl alle Anstrengungen unternommen wurden, um die Richtigkeit zu gewährleisten, sind der Autor und der Herausgeber nicht verantwortlich für Fehler, Änderungen in der Software oder Ergebnisse, die sich aus der Verwendung dieses Leitfadens ergeben. Die aktuellsten Informationen finden Sie beim offiziellen Support von Apple.

Verwenden Sie immer Ihr eigenes Urteilsvermögen und suchen Sie professionelle Hilfe, wenn Sie sich bei den Schritten unsicher sind.

INHALTSVERZEICHNIS

Einleitung **10**

Warum es dieses Buch gibt 10

Was Sie im Inneren finden 12

Kapitel 1: Erste Schritte **16**

Was ist ein MacBook und warum ist es anders? 16

Modellübersicht: Air vs. Pro (und wie Sie Ihre kennen) 18

Aufladen, Einschalten und Verwenden des Trackpads . 19

Grundlegendes zum Desktop und zur grundlegenden Navigation 22

Schnelle Übungsübung 25

Kapitel 2: Beherrschen der Tastatur und des Trackpads 27

Grundlagen der Tastatur und Spezialtasten 27

So verwenden Sie die Trackpad-Gesten 30

Anpassen der Tastaturgröße und der Mausgeschwindigkeit für mehr Komfort 32

Kurzer Rückblick 36

Kapitel 3: macOS leicht gemacht **37**

Was ist macOS? (Eine Anfängertour) 37

Sonoma und darüber hinaus: Was gibt's Neues 38

Suchen und Öffnen von Apps mit dem Dock und Launchpad 40

Verwalten von Fenstern, Menüs und dem Finder 43

Kurzer Rückblick 46

Kapitel 4: Personalisieren Ihres MacBook 48

Ändern von Hintergrund- und Anzeigeeinstellungen.. 48

Vergrößern von Text und Symbolen für bessere Sichtbarkeit 50

Einrichten von Night Shift, Dark Mode und Zoom 52

Anpassen von Ton, Lautstärke und Benachrichtigungen 55

Kurzer Rückblick 57

Kapitel 5: In Verbindung bleiben 58

Einrichten von Wi-Fi und Bluetooth 58

So schalten Sie Bluetooth ein: 60

Anschließen von Druckern und externen Geräten 62

Kurzer Rückblick 65

Kapitel 6: Internet- und E-Mail-Grundlagen 67

Verwenden von Safari: Sicheres Surfen im Internet 67

Erstellen und Verwalten von Lesezeichen 69

Einrichten und Verwenden von Apple Mail...................... 71

Vermeidung von Spam- und Phishing-E-Mails.............74

Kurzer Rückblick 75

Kapitel 7: Kommunikation mit Familie und Freunden 77

Einrichten von FaceTime und Videoanrufen 77

Mit Nachrichten in Kontakt bleiben................................80

Freigeben von Fotos und Dateien über iCloud 82

Kurzer Rückblick 85

Kapitel 8: Verwalten von Dateien und Ordnern 87

Erstellen, Speichern und Organisieren von Dateien 87

Verwenden des Finders, um alles zu lokalisieren.......... 90

So verwenden Sie externe Laufwerke und USB-Sticks 93

Kurzer Rückblick 95

Kapitel 9: Fotos, Musik und Unterhaltung...........................97

Anzeigen und Organisieren von Fotos.............................97

Bearbeiten und Teilen von Erinnerungen..................... 100

Verwenden von Apple Music, Podcasts und YouTube 102

Fernsehen und Filme auf Apple TV ansehen 105

Kurzer Rückblick 106

Kapitel 10: Sicher und geschützt bleiben 108

Erstellen sicherer Passwörter 109

Einrichten des Touch ID- oder Passwortschutzes 111

Verwalten von Sicherheitseinstellungen und Betrugswarnungen...112

Seien Sie vorsichtig bei betrügerischen Pop-ups und gefälschten Warnungen:..114

Verwenden von Time Machine zum Sichern Ihres Mac 115

Kurzer Rückblick 117

Kapitel 11: Unverzichtbare Apps für den Alltag............... 118

Kalender, Notizen und Erinnerungen............................119

Verwenden von Karten und Wetter...............................123

Der App Store: So laden Sie nützliche Apps herunter.125

Kurzer Rückblick 127

Kapitel 12: Fehlerbehebung und Tipps 129

Häufige Probleme Schritt für Schritt beheben.............130

Wann sollte neu gestartet oder aktualisiert werden?.134

Wo bekomme ich Hilfe? (Apple Support und Foren)...135

Ordnungsgemäßes Zurücksetzen oder Herunterfahren 137

Kurzer Rückblick 138

BONUS-BEREICH: Kurzanleitung & praktische Anleitungen **140**

MacBook-Tastaturkürzel (Liste der seniorenfreundlichen Tastenkombinationen) 140

Checkliste für die Internetsicherheit............................142

Tägliche Tipps zur Mac-Wartung..................................143

Glossar: Gängige Fachbegriffe leicht gemacht 144

Checkliste am Ende des Kapitels: Haben Sie...?...........145

Einleitung

Wenn Sie dieses Buch in den Händen halten – oder es auf einem Bildschirm öffnen –, lassen Sie mich damit beginnen, zu sagen: **Sie sind genau dort, wo Sie sein müssen.**

Egal, ob Sie zum ersten Mal ein MacBook verwenden oder schon eine Weile versuchen, es selbst herauszufinden, dieser Leitfaden ist hier, um Ihnen zu helfen – geduldig, klar und ohne Druck. Denn beim Erlernen von Neuem, vor allem wenn es um Technologie geht, geht es nicht darum, wie jung oder schnell man ist. Es geht darum, die richtige Unterstützung zu haben.

Warum es dieses Buch gibt

Zu vielen Senioren wurde das Gefühl gegeben, dass sie in Bezug auf Technologie "den Anschluss verpasst" haben. Vielleicht haben Sie um Hilfe gebeten und sich abgewiesen gefühlt. Oder vielleicht sind die Anweisungen jedes Mal, wenn Sie versuchen zu lernen, mit Fachjargon, Kleingedrucktem und Schritten gefüllt, die davon ausgehen, dass Sie bereits mehr wissen, als Sie wissen.

Dieses Buch wurde geschrieben, um das zu ändern. Es wurde geschaffen, um zu sagen: **Du bist nicht im Rückstand. Sie sind nicht allein. Und ja – Sie können das auf jeden Fall tun.**

Ihr MacBook ist ein unglaubliches Werkzeug. Aber wie jedes neue Tool ist es einfacher zu bedienen, wenn Ihnen jemand zeigt, wie es geht – mit Geduld, einfachem Englisch und einem Lächeln.

Was Sie im Inneren finden

Sie lernen, wie Sie:

- **MacBook von Grund auf** neu einschalten und einrichten

- Verstehen, was all die Symbole, Menüs und Schaltflächen wirklich tun

- Verwenden Sie E-Mail, FaceTime, Safari und Fotos mit Leichtigkeit

- Passen Sie die Einstellungen für **größeren Text**, besseren Klang und bessere Sichtbarkeit an

- Bleiben Sie **online sicher** und vermeiden Sie gängige Betrügereien

- Laden Sie hilfreiche Apps herunter, verwalten Sie Dateien und halten Sie Ihren Mac organisiert

- Beheben Sie kleine Probleme *ohne Panik oder Frustration*

Jedes Kapitel enthält **Schritt-für-Schritt-Anleitungen** und **einfache Erklärungen,** die niemals Vorkenntnisse voraussetzen.

Sie müssen nicht "technisch versiert" sein. Sie müssen nicht mit Computern aufgewachsen sein. Sie brauchen nur die Bereitschaft zu lernen – und dieser Leitfaden kümmert sich um den Rest.

Nehmen Sie sich Zeit – das ist Ihre Reise

Das ist kein Rennen. Du kannst ein Kapitel nach dem anderen lesen, zu dem springen, was dich am meisten interessiert, oder es mit einem Freund oder Familienmitglied durchgehen.

Hier gibt es keinen Druck – nur Fortschritt. Kleine, aber stetige Fortschritte, die echtes Vertrauen schaffen.

Viele Menschen nehmen dieses Buch in die Hand, weil sie weniger Angst vor ihrem MacBook haben wollen. Aber was sie mitnehmen, ist so viel mehr: **Freiheit, Verbundenheit und ein neues Gefühl der Unabhängigkeit.**

Stell dir vor, du telefonierst mit deinen Enkelkindern, organisierst deine Familienfotos, stöberst in Rezepten, schaust dir deine Lieblingssendungen an oder schreibst deine Memoiren – alles auf deinem eigenen MacBook.

Das ist nicht nur möglich – es wird bald einfach.

Lassen Sie uns also diese Reise gemeinsam beginnen.

Du bist fähig. Du bist schlau. Sie sind bereit.

Und das Wichtigste: Sie sind nicht allein.

Kapitel 1: Erste Schritte

Was ist ein MacBook und warum ist es anders?

Ein **MacBook** ist eine Art Laptop von Apple. Er ist klein, leicht und leistungsstark – das bedeutet, dass Sie ihn überall verwenden können, um alltägliche Dinge wie das Surfen im Internet, das Schreiben von E-Mails, das Ansehen von Videos oder das Sprechen mit Ihren Lieben über Videoanrufe zu erledigen.

Was ein MacBook von anderen Laptops unterscheidet, ist, wie es aussieht, wie es sich anfühlt und wie einfach es sein kann, wenn man es einmal verstanden hat. Apple gestaltet seine Produkte so, dass sie sauber und benutzerfreundlich sind, aber wenn Sie neu darin sind, könnten die Dinge auf den ersten Blick ungewohnt aussehen. Das ist in

16

Ordnung – dieser Leitfaden wird Ihnen helfen, sich Schritt für Schritt wohl zu fühlen.

Es gibt zwei Haupttypen von MacBooks:

- **MacBook Air** – Dies ist das leichtere, dünnere Modell. Es ist ideal für den täglichen Gebrauch.

- **MacBook Pro** – Dieses ist etwas schwerer und schneller und wird oft für anspruchsvollere Aufgaben wie das Bearbeiten von Fotos oder Videos verwendet.

Egal, welches Sie haben, dieses Buch gilt für beide. Um die technischen Details brauchen Sie sich keine Gedanken zu machen. Wenn auf der Vorderseite "MacBook" steht, sind Sie am richtigen Ort.

Modellübersicht: Air vs. Pro (und wie Sie Ihre kennen)

So überprüfen Sie, welches MacBook-Modell Sie haben:

1. Klicken Sie auf das **Apple-Logo** in der oberen linken Ecke Ihres Bildschirms.

2. Wählen Sie **"Über diesen Mac"**.

3. Es erscheint ein Fenster, in dem das Modell angezeigt wird (z. B. "MacBook Air (M1, 2020)" oder "MacBook Pro (2022)").

Wenn du dein Modell kennst, kann es hilfreich sein, wenn du dich an den Apple Support wenden oder Updates installieren musst. Aber für den größten Teil dieses Buches müssen Sie nicht noch einmal darüber nachdenken – wir werden die Dinge einfach und universell halten.

Tipp: Notieren Sie Ihren Modellnamen auf einem Haftnotizzettel und bewahren Sie ihn zum späteren Nachschlagen in Ihrem Buch auf.

Aufladen, Einschalten und Verwenden des Trackpads

Lassen Sie uns Ihr MacBook zum Laufen bringen.

So laden Sie auf:

- Stecken Sie das kleine Ende des Ladekabels in den **Anschluss** an der Seite Ihres MacBook.

- Stecken Sie das andere Ende in eine Steckdose.

- Ein kleines Blitzsymbol auf dem Bildschirm zeigt an, dass der Ladevorgang abgeschlossen wird.

Hinweis: MacBooks verwenden **je nach Modell MagSafe-** oder **USB-C-Ladegeräte**. Keine Sorge – beide funktionieren auf die gleiche Weise.

So schalten Sie es ein:

- **Hebe einfach den Deckel** deines MacBook an – er sollte sich automatisch einschalten.

- Wenn dies nicht der Fall ist, drücke die **Ein-/Aus-Taste** (in der Regel in der oberen rechten Ecke der Tastatur oder in einem Teil der Touch ID-Taste).

Sobald es eingeschaltet ist, sehen Sie das Apple-Logo und dann Ihren Desktop- oder Anmeldebildschirm.

Das Trackpad verstehen:

Das Trackpad ist das große, flache Quadrat direkt unter der Tastatur. Es ist wie eine Maus, aber eingebaut.

So verwenden Sie es:

- **Bewegen Sie Ihren Finger** darauf, um den Zeiger auf dem Bildschirm zu bewegen.

- **Tippen Sie mit einem Finger** , um auf etwas zu klicken.

- **Tippen Sie zweimal schnell** , um zu doppelklicken.

- **Klicke, halte die Maustaste** gedrückt und bewege dann deinen Finger, um

Objekte zu bewegen (z. B. eine Datei zu bewegen).

- **Scrollen Sie mit zwei Fingern** nach oben oder unten – genau wie beim Wischen auf einem Smartphone.

Nehmen Sie sich einen Moment Zeit, um es auszuprobieren. Es mag sich auf den ersten Blick neu anfühlen, aber die meisten Senioren finden es einfacher als die Verwendung einer separaten Maus, wenn sie sich erst einmal daran gewöhnt haben.

Grundlegendes zum Desktop und zur grundlegenden Navigation

Sobald dein MacBook startet, siehst du den **Schreibtisch** – das ist deine Heimatbasis, wie dein Schreibtisch in der realen Welt.

Folgendes werden Sie bemerken:

Der Desktop:

- Möglicherweise sehen Sie ein **Hintergrundbild** (Hintergrundbild) und einige **Symbole** , z. B. Ihre Festplatte oder heruntergeladene Dateien.

- Stellen Sie es sich wie einen Tisch vor, auf dem Sie Dinge platzieren können, auf die Sie leicht zugreifen möchten.

Die Menüleiste (oben auf dem Bildschirm):

- Auf der **linken Seite** sehen Sie das **Apple-Logo**. Klicken Sie darauf, um Systemeinstellungen wie Herunterfahren oder Neustart anzuzeigen.

- Daneben befinden sich Menüs, die sich je nach verwendetem Programm ändern (z. B. "Safari" oder "Fotos").

- Auf der **rechten Seite** sehen Sie kleine Symbole – WLAN, Akkulaufzeit, Ton, Datum/Uhrzeit.

Das Dock (unten auf dem Bildschirm):

- Dabei handelt es sich um eine Reihe von **App-Symbolen** – es ist wie eine Werkzeugleiste.

- Klicken Sie auf ein Symbol, um ein Programm zu öffnen (z. B. Safari, um im Internet zu surfen).

- Du kannst jederzeit Apps zum Dock hinzufügen oder daraus entfernen.

Der Finder:

- Der **Finder** ist das blau-weiße Symbol mit dem lächelnden Gesicht auf dem Dock.

- Klicken Sie darauf, um Ihre Dateien, Fotos und Ordner zu öffnen. Stellen Sie es sich wie Ihren digitalen Aktenschrank vor.

Schnelle Übungsübung

☑ MacBook

☑ einschalten Bewegen Sie den Zeiger mit dem Trackpad

☑ Klicken Sie auf das Finder-Symbol im Dock

☑ Öffnen Sie einen Ordner (z. B. "Downloads")

☑ Schließen Sie das Fenster, indem Sie auf den roten Kreis oben links klicken

Wenn Sie das gerade getan haben, herzlichen Glückwunsch! Du navigierst bereits wie ein Profi durch dein MacBook.

Kapitel 2: Beherrschen der Tastatur und des Trackpads

Grundlagen der Tastatur und Spezialtasten

Deine MacBook-Tastatur ist dein wichtigstes Mittel zum Tippen von Buchstaben, Zahlen und Befehlen. Obwohl es wie eine Standardtastatur aussieht, enthält Apple einige zusätzliche Tasten, die möglicherweise ungewohnt sind, wenn Sie neu bei Macs sind.

Schauen wir es uns genauer an:

Die gebräuchlichsten Schlüssel:

- **Buchstaben (A–Z)** und **Zahlen (0–9)** – wie bei jeder Tastatur.

- **Leertaste** – fügt ein Leerzeichen zwischen den Wörtern hinzu.

- **Return/Enter** – startet eine neue Zeile oder bestätigt eine Aktion.

- **Löschen** – löscht das Zeichen links vom Cursor.

Spezielle Mac-Tasten:

- **Befehl (⌘)** – Wird oft mit anderen Tasten verwendet (z. B. Befehl + C zum Kopieren).

- **Option (⌥)** – Fügt zusätzliche Funktionen hinzu, wenn sie mit anderen Tasten gedrückt werden.

- **Strg (Strg)** – Wird für bestimmte Tastenkombinationen verwendet.

- **Funktion (fn)** – Befindet sich unten links; kann verwendet werden, um auf spezielle Funktionen zuzugreifen oder Text zu diktieren (neuere Modelle).

- **Escape (Esc)** – Bricht Aktionen ab oder schließt kleine Fenster.

- **Touch ID (bei neueren Modellen)** – Funktioniert wie eine Fingerabdrucktaste zum Entsperren Ihres Mac.

Tipp für Senioren: Wenn Sie sich nicht sicher sind, was eine Taste bewirkt, versuchen Sie, sie leicht zu drücken und zu beobachten, was passiert – es wird nichts Schädliches passieren. Die meisten Funktionen können rückgängig gemacht werden.

So verwenden Sie die Trackpad-Gesten

Das **Trackpad** ist Apples Version einer Maus – es reagiert auf Fingerbewegungen, die als **Gesten bezeichnet werden**. Hier sind die hilfreichsten, die Sie als Anfänger kennen sollten:

Grundlegende Gesten:

- **Mit einem Finger bewegen:** Streichen Sie mit einem Finger über das Trackpad, um den Cursor zu bewegen.

- **Tippen mit einem Finger:** Wählen Sie etwas aus oder klicken Sie darauf (z. B. eine Schaltfläche oder Datei).

- **Doppeltippen:** Öffnet Objekte, z. B. durch Doppelklicken mit der Maus.

- **Klicken und Bewegen:** Drücke das Trackpad nach unten und bewege deinen Finger, um ein Fenster oder eine Datei zu bewegen.

Hilfreiche Zwei-Finger-Gesten:

- **Nach oben/unten scrollen:** Lege zwei Finger auf das Trackpad und streiche nach oben oder unten, um durch die Seiten zu blättern.

- **Rechtsklick:** Tippen Sie mit zwei Fingern gleichzeitig. Es erscheint ein kleines Menü – das ist wie ein "Rechtsklick" auf einer herkömmlichen Maus.

- **Zoom (optional):** Ziehen Sie zwei Finger zusammen oder auseinander (genau wie auf einem Smartphone), um einige Apps zu vergrößern oder zu verkleinern.

🗨 **Übungstipp:** Versuchen Sie, Safari (den Webbrowser) zu öffnen, legen Sie zwei Finger auf das Trackpad und scrollen Sie auf einer Website nach oben und unten. Diese Bewegung wird mit der Zeit zur zweiten Natur werden.

Anpassen der Tastaturgröße und der Mausgeschwindigkeit für mehr Komfort

Komfort ist wichtig – vor allem, wenn du dein MacBook über einen längeren Zeitraum nutzt. Apple bietet dir einfache Möglichkeiten, deine Tastatur und dein Trackpad so anzupassen, dass sie sich besser für deine Hände und Augen anfühlen.

Tastaturtext vergrößern:

Dadurch wird die Tastatur selbst nicht verändert, aber es hilft, die Wörter auf dem Bildschirm beim Tippen besser zu erkennen.

1. Klicken Sie auf das **Apple-Logo** (obere linke Ecke).

2. Wählen Sie **"Systemeinstellungen "** (oder "Systemeinstellungen" auf älteren Macs).

3. Gehen Sie zu **Anzeige**.

4. Verwenden Sie den **Schieberegler Textgröße**, um die Elemente zu vergrößern.

Trackpad-Geschwindigkeit anpassen:

Wenn sich der Zeiger zu schnell oder zu langsam bewegt, können Sie das beheben.

1. Gehen Sie zu **den Systemeinstellungen**.

2. Klicke auf **"Trackpad"**.

3. Suchen Sie den Schieberegler **für die Sendungsgeschwindigkeit** – bewegen Sie ihn nach links, um langsamer zu werden, nach rechts, um schneller zu sein.

Ändern Sie die Tastenwiederholung oder -verzögerung:

Wenn Sie feststellen, dass sich Buchstaben während der Eingabe zu schnell wiederholen, gehen Sie folgendermaßen vor:

1. Gehen Sie **in den** Systemeinstellungen **zu Tastatur**.

2. Passen Sie die Schieberegler **"Tastenwiederholung"** und

"Verzögerung bis Wiederholung" auf langsamere Geschwindigkeiten an.

Touch ID aktivieren (optional):

Neuere MacBooks ermöglichen es Ihnen, Ihren Mac mit Ihrem Fingerabdruck zu entsperren.

1. Gehen Sie zu **den Systemeinstellungen**.

2. Klicken Sie auf **Touch ID & Password**.

3. Folgen Sie den Anweisungen, um Ihren Fingerabdruck hinzuzufügen.

Dies kann Ihnen ersparen, Ihr Passwort jedes Mal eingeben zu müssen!

Kurzer Rückblick

☑ Du hast die Haupttasten auf deiner Tastatur gelernt und was sie tun

☑ Du hast grundlegende Gesten und Zwei-Finger-Gesten auf dem Trackpad

☑ geübt Du hast herausgefunden, wie du Text vergrößern und den Cursor leichter steuern

☑ kannst Du machst dich schon vertrauter mit deinem Mac!

Lass dir Zeit. Wenn beim ersten Mal nichts geklickt hat, gehen Sie zurück und versuchen Sie es erneut. Je mehr du übst, desto natürlicher wird es sich anfühlen – und du machst es gut.

Kapitel 3: macOS leicht gemacht

Was ist macOS? (Eine Anfängertour)

Wenn du dein MacBook öffnest, heißt macOS das System, das alles zum Laufen bringt – vom Klicken auf Symbole bis zum Surfen im Internet. Es ist das Mac-Betriebssystem, und Sie können es sich wie das Gehirn hinter Ihrem Computer vorstellen.

Alle paar Jahre aktualisiert Apple macOS, um die Dinge schneller, sicherer und nützlicher zu machen. Die neueste Version zum Zeitpunkt des Schreibens dieses Artikels heißt **macOS Sonoma**, aber unabhängig davon, ob Sie Sonoma oder eine frühere

Version wie Ventura oder Monterey verwenden, gelten die Grundlagen in diesem Handbuch weiterhin.

macOS ist so konzipiert, dass es sauber und einfach ist, aber es kann sich ungewohnt anfühlen, wenn Sie an Windows gewöhnt sind oder schon lange keinen Computer mehr benutzt haben. Deshalb geht es in diesem Kapitel darum, Ihnen zu helfen, sich wie zu Hause zu fühlen.

Sonoma und darüber hinaus: Was gibt's Neues

Wenn auf Ihrem MacBook **macOS Sonoma ausgeführt wird**, finden Sie hier einige neue Funktionen, die Ihnen möglicherweise auffallen:

- **Widgets auf Ihrem Desktop** – Kleine Tools wie Uhren, Wetter oder Erinnerungen, die Sie zu Ihrem Hauptbildschirm hinzufügen können.

- **Neue Bildschirmschoner** – Malerische Videos, die angezeigt werden, wenn sich Ihr Mac im Leerlauf befindet.

- **Bessere Tools für Videoanrufe** – Mehr unterhaltsame und nützliche Funktionen für FaceTime und Zoom.

- **Stärkere Datenschutztools** – Besserer Schutz beim Surfen im Internet.

Keine Sorge – Sie müssen nicht alles auf einmal lernen. Dieses Buch zeigt Ihnen, wie Sie die wichtigsten Funktionen nutzen können.

So überprüfen Sie Ihre Version:

1. Klicken Sie auf das **Apple-Logo** in der oberen linken Ecke.

2. Wählen Sie "**Über diesen Mac**".

3. Die Version von macOS, die Sie verwenden, wird oben angezeigt.

Suchen und Öffnen von Apps mit dem Dock und Launchpad

macOS enthält viele nützliche **Apps** (kurz für "Programme") – wie Safari für das Internet, Mail für E-Mail und Fotos für deine Bilder. Es gibt zwei einfache Möglichkeiten, sie zu öffnen:

1. Das Dock (unterer Bildschirmrand)

- Das Dock ist die Reihe von Symbolen am unteren Rand des Bildschirms. Es ist wie Ihre Tastenkombinationsleiste.

- Klicken Sie auf ein beliebiges Symbol im Dock, um die App zu öffnen.

- Du kannst Symbole verschieben oder Symbole entfernen, die du nicht verwendest, indem du sie aus dem Dock bewegst.

Häufige Dock-Symbole, die Sie sehen:

- **Finder (Smiley)** – Öffnet Ihre Dateien

- **Safari (Kompass)** – Internetbrowser

- **Mail (Umschlag)** – E-Mail

- **Nachrichten (Sprechblase)** – SMS

- **Fotos (Blume)** – Ihre Bilder

So fügen Sie dem Dock eine App hinzu:

- Öffnen Sie die App über das **Launchpad** oder **den Finder** (siehe unten), **klicken Sie mit der rechten**

41

Maustaste auf das Symbol im Dock und wählen Sie *"Im Dock behalten"*.

2. Launchpad (Raster der Apps)

- Klicken Sie auf das **Launchpad-Symbol** (sieht aus wie eine silberne Rakete) im Dock.

- Alle Ihre Apps werden in einem Raster angezeigt, z. B. auf einem Smartphone-Bildschirm.

- Klicken Sie auf eine beliebige App, um sie zu öffnen.

Tipp: Wenn Launchpad zu viele Symbole enthält, geben Sie den Namen der App in die Suchleiste oben ein.

Verwalten von Fenstern, Menüs und dem Finder

Wenn du Apps öffnest, werden sie in **Fenstern angezeigt** – Felder, die du verschieben, verkleinern oder schließen kannst. Sehen wir uns an, wie Sie sie verwalten können:

Die roten, gelben, grünen Tasten:

Oben links in jedem Fenster sehen Sie drei kleine Kreise:

- **Rot** schließt das Fenster.

- **Gelb** minimiert (blendet) das Fenster im Dock aus.

- **Grün** macht das Fenster im Vollbildmodus oder wird im Vollbildmodus beendet.

Verschieben und Ändern der Größe von Fenstern:

- Klicken Sie auf **die obere Leiste eines Fensters und ziehen Sie sie** , um es zu verschieben.

- Bewegen Sie den Mauszeiger an die Ränder oder Ecken, um die **Größe des Fensters** zu ändern.

Die Menüleiste:

Diese Leiste befindet sich ganz **oben auf dem Bildschirm** und ändert sich je nachdem, welche App Sie verwenden.

Wenn du dich beispielsweise in Safari befindest, siehst du "Safari"-Menüs mit Wörtern wie "Datei", "Bearbeiten" und "Ansicht". Klicken Sie auf jedes Wort, um Optionen wie Drucken, Speichern oder

Rückgängigmachen von Aktionen zu erkunden.

Verwenden des Finders zum Organisieren Ihres Macs:

Der **Finder** ist Ihr Dateimanager – stellen Sie ihn sich wie Ihren digitalen Aktenschrank vor.

So öffnen Sie es:

1. Klicken Sie auf das **Finder-Symbol** (das blau-weiße Smiley) im Dock.

2. Auf der linken Seite sehen Sie Ordner, z. B.:

   o **Urkunden**

   o **Downloads**

   o **Desktop**

   o **Anträge**

Sie können diese Ordner öffnen, um Dateien zu suchen, sie in neuen Ordnern zu organisieren oder alles zu löschen, was Sie nicht mehr benötigen.

So erstellen Sie einen neuen Ordner:

- Klicken Sie mit der rechten Maustaste auf eine beliebige Stelle im Finder-Fenster und wählen Sie **"Neuer Ordner"**.

- Geben Sie einen Namen ein und drücken Sie die **Eingabetaste**.

Kurzer Rückblick

☑ Du weißt jetzt, was **macOS** ist und was es tut

☑ Du hast den Unterschied zwischen dem **Dock** und dem **Launchpad**

☑ kennengelernt Du hast erkundet, wie du

Fenster

☑ verschiebst, deine Größe änderst und schließt Du hast dich mit dem **Finder vertraut** gemacht – deinem digitalen Aktenschrank

Denken Sie daran: Sie müssen sich nicht alles merken. Je mehr du erkundest, desto vertrauter wird es sich anfühlen. Und jedes Mal, wenn du etwas Neues ausprobierst, lernst du dazu.

Kapitel 4: Personalisieren Ihres MacBook

Eines der besten Dinge an deinem MacBook ist, wie einfach du es wie **dein eigenes fühlen lassen kannst**. Von der Vergrößerung des Textes bis hin zum Ändern des Hintergrundfotos – die Personalisierung deines MacBook trägt dazu bei, dass es einfacher zu bedienen ist – und auch angenehmer wird.

Ändern von Hintergrund- und Anzeigeeinstellungen

Ihr **Hintergrundbild** ist das Hintergrundbild, das Sie auf Ihrem Desktop sehen. Apple bietet Ihnen viele schöne Möglichkeiten, aber Sie können auch ein persönliches Foto verwenden, wenn Sie möchten.

So ändern Sie Ihr Hintergrundbild:

1. Klicken Sie auf das **Apple-Logo** in der oberen linken Ecke Ihres Bildschirms.

2. Wählen Sie **Systemeinstellungen** (oder *Systemeinstellungen*).

3. Wählen Sie **Hintergrundbild** oder **Desktop & Bildschirmschoner**.

4. Durchsuchen Sie die verfügbaren Bilder und klicken Sie auf eines der Bilder, um es auszuwählen.

Wenn Sie Ihr eigenes Foto verwenden möchten:

- Klicken Sie **im Seitenmenü** auf Fotos.

- Wählen Sie ein Bild aus Ihren Alben aus.

Tipp: Wählen Sie etwas Beruhigendes oder Bedeutungsvolles, z. B. ein Familienfoto oder eine malerische Aussicht, um Ihren Schreibtisch einladender zu gestalten.

Anpassen der Displayhelligkeit:

- Gehen Sie zu **Systemeinstellungen** > **Anzeigen**.

- Verwenden Sie den **Schieberegler Helligkeit,** um den Bildschirm heller oder dunkler zu machen.

Ein hellerer Bildschirm ist tagsüber gut, aber ein etwas dunklerer Bildschirm kann sich abends wohler fühlen.

Vergrößern von Text und Symbolen für bessere Sichtbarkeit

Wenn dir der Text zu klein ist, mach dir keine Sorgen – dein MacBook verfügt über integrierte Optionen, mit denen **alles besser zu sehen ist**.

So erhöhen Sie die Textgröße:

1. Gehen Sie zu **Systemeinstellungen > Anzeigen**.

2. Schieben **Sie unter Textgröße** die Leiste nach rechts, um den Systemtext zu vergrößern.

Dadurch werden der Text, die Schaltflächen und die App-Namen in der Menüleiste größer.

So vergrößern Sie das Symbol (für Ordner/Dateien):

1. Öffnen Sie einen beliebigen Ordner mit dem **Finder**.

2. Klicken Sie mit der rechten Maustaste auf eine beliebige Stelle in der leeren

Stelle, und wählen Sie **Ansichtsoptionen anzeigen** aus.

3. Passen Sie die **Schieberegler** Symbolgröße **und** Textgröße an.

Sie können Symbole auch verschieben, indem Sie sie anklicken und ziehen – organisieren Sie die Dinge, wie auch immer es für Sie sinnvoll ist.

Einrichten von Night Shift, Dark Mode und Zoom

Diese Funktionen tragen dazu bei, die Belastung der Augen zu reduzieren, insbesondere bei schlechten Lichtverhältnissen oder bei langen Computersitzungen.

Nachtschicht:

Diese Funktion macht Ihren Bildschirm am Abend wärmer (weniger blau), was schonender für Ihre Augen ist.

So schalten Sie es ein:

1. Gehen Sie zu **Systemeinstellungen**> > Night Shift **anzeigt**.

2. Wählen Sie aus, ob die Option **von** Sonnenuntergang bis Sonnenaufgang automatisch aktiviert werden soll.

Dunkler Modus:

Der Dunkelmodus schaltet Ihren Bildschirm auf dunklere Farben um. Viele Senioren empfinden dies vor allem nachts als besser lesbar.

So aktivieren Sie:

1. Gehen Sie zu **Systemeinstellungen** > **Darstellung**.

2. Wählen Sie **Dunkel** aus.

Sie können jederzeit wieder in den **Lichtmodus** wechseln .

Zoom (Bildschirmlupe):

Mit dem Zoom können Sie **jeden Teil des Bildschirms vergrößern**, was beim Lesen von kleinem Text hilfreich ist.

So schalten Sie es ein:

1. Gehen Sie zu **Systemeinstellungen** > **Barrierefreiheit** > **Zoom**.

2. Schalten Sie den Schalter **ein**.

Nach der Aktivierung können Sie **die Strg-Taste (^) gedrückt halten** und mit zwei Fingern scrollen, um die Ansicht zu vergrößern oder zu verkleinern.

Anpassen von Ton, Lautstärke und Benachrichtigungen

Wir stellen sicher, dass die Töne und Alarme deines MacBook so funktionieren, wie du es möchtest – keine plötzlichen lauten Geräusche oder verpasste Nachrichten.

So stellen Sie die Lautstärke ein:

- Verwenden Sie die **Lautstärketasten** in der oberen Reihe Ihrer Tastatur.

- Oder gehen Sie zu **Systemeinstellungen** > **Ton** , um die Lautstärke manuell anzupassen.

Sie können auch:

- Wählen Sie Ihren **Alarmton**

- Anpassen von **Ausgabegeräten** (wie Kopfhörern oder Lautsprechern)

- Aktivieren Sie **die Stummschaltung** , wenn Sie völlige Stille wünschen

Verwalten von Benachrichtigungen:

Benachrichtigungen sind kleine Pop-up-Nachrichten, die dich darüber informieren, wenn etwas passiert – z. B. eine neue E-Mail oder eine Kalendererinnerung.

Um sie zu verwalten:

1. Gehen Sie zu **Systemeinstellungen** > **Benachrichtigungen**.

2. Wählen Sie eine App aus (z. B. Mail oder Nachrichten).

3. Wählen Sie aus, ob Warnungen, Töne oder gar nichts angezeigt werden.

Tipp: Wenn sich dein Mac mit Mitteilungen zu "laut" anfühlt, ist es völlig in

Ordnung, Mitteilungen für Apps zu deaktivieren, die du nicht oft verwendest.

Kurzer Rückblick

☑ Sie haben Ihr Hintergrundbild und Ihre Bildschirmhelligkeit

☑ geändert Sie haben Text und Symbole für eine bessere Sichtbarkeit

☑ vergrößert Sie haben gelernt, wie Sie **Night Shift**, **Dark Mode** und **Zoom**

☑ verwenden Sie haben den Ton und die Benachrichtigungen angepasst, um ein ruhigeres Erlebnis zu haben

Je mehr du dein MacBook personalisierst, desto natürlicher und komfortabler wird es sich anfühlen – genau wie das Einstellen einer Lesebrille, bis alles vollkommen klar ist.

Kapitel 5: In Verbindung bleiben

Dein MacBook ist nicht nur ein Werkzeug – es ist dein Fenster zur Welt. Egal, ob Sie einem geliebten Menschen eine E-Mail senden, auf Ihren Lieblingswebsites surfen oder ein Rezept ausdrucken, die **Verbindung** sorgt dafür, dass alles reibungslos funktioniert.

In diesem Kapitel erfahren Sie, wie Sie eine WLAN-Verbindung herstellen, Bluetooth-Geräte koppeln und Drucker oder USB-Laufwerke verwenden – und das alles ohne technischen Stress

Einrichten von Wi-Fi und Bluetooth

So stellen Sie eine WLAN-Verbindung her:

Über WLAN hat dein MacBook Zugriff auf das Internet, sodass du surfen, E-Mails versenden, Video-Chats und vieles mehr betreiben kannst.

1. Schauen Sie in die **obere rechte Ecke** Ihres Bildschirms.

2. Klicken Sie auf das **WLAN-Symbol** (es sieht aus wie ein Ventilator oder Radiowellen).

3. Eine Liste der verfügbaren Netzwerke wird angezeigt.

4. Klicken Sie auf den Namen, der mit dem Namen Ihres Heimnetzwerks übereinstimmt.

5. Geben Sie das **WLAN-Passwort ein** (dieses ist normalerweise auf der

Rückseite Ihres Modems oder Routers aufgedruckt).

6. Klicken Sie auf **Beitreten**.

Sobald du verbunden bist, merkt sich dein Mac dein Netzwerk – du musst das Passwort beim nächsten Mal nicht erneut eingeben.

Tipp: Wenn Sie reisen oder Freunde besuchen, können Sie sich auf die gleiche Weise mit deren WLAN verbinden.

So schalten Sie Bluetooth ein:

Bluetooth ermöglicht es deinem Mac, sich drahtlos mit anderen Geräten wie Kopfhörern, Tastaturen und Lautsprechern zu verbinden.

1. Klicken Sie oben links auf das **Apple-Logo** .

2. Gehen   Sie   zu   **den
Systemeinstellungen** > **Bluetooth**.

3. Schalten Sie Bluetooth **ein** (falls dies
noch nicht geschehen ist).

4. Ihr Mac sucht nach Geräten in der
Nähe.

5. Wenn Sie Ihr Gerät sehen (z. B. "JBL
Speaker" oder "Logitech Mouse"),
klicken Sie auf **Verbinden**.

Die meisten Geräte lassen sich in
Sekundenschnelle koppeln. Wenn Sie dazu
aufgefordert werden, befolgen Sie alle
zusätzlichen Anweisungen, die auf dem
Bildschirm angezeigt werden.

💡 **Bluetooth-Tipp für Senioren: Kabellose
Kopfhörer** eignen sich hervorragend, wenn
du Musik hören oder Videos ansehen

möchtest, ohne jemanden zu stören – und sobald sie gekoppelt sind, verbindet sich dein Mac beim nächsten Mal automatisch.

Anschließen von Druckern und externen Geräten

Manchmal möchten Sie **ein Dokument drucken**, **Fotos von einem Flash-Laufwerk anzeigen** oder **eine externe Tastatur anschließen**. Dein MacBook macht es dir leicht – auch wenn du es zum ersten Mal machst.

So schließen Sie einen Drucker (kabelgebunden oder drahtlos) an:

1. Schließen Sie den Drucker über USB an Ihr MacBook an oder verbinden Sie ihn mit demselben WLAN-Netzwerk.

2. Öffnen Sie **die Systemeinstellungen >
Drucker & Scanner**.

3. Klicken Sie auf die **Schaltfläche
Drucker hinzufügen**.

4. Ihr Mac erkennt den Drucker. Klicken
Sie darauf und dann auf **Hinzufügen**.

Du kannst jetzt aus jeder App drucken, z. B.
aus Safari, Mail oder Notizen, indem du zu
Datei > Drucken gehst oder Befehl + P
drückst.

So verwenden Sie ein USB-Laufwerk:

1. Schließen Sie das USB-Laufwerk an
einen Anschluss Ihres MacBook an.
(Wenn Ihr Mac nur über USB-C-
Anschlüsse verfügt, verwenden Sie
einen kleinen Adapter.)

2. Das Laufwerk wird auf Ihrem **Schreibtisch** oder im **Finder** unter *"Standorte"* angezeigt.

3. Klicken Sie hier, um Dateien zu öffnen, anzuzeigen, zu kopieren oder zu verschieben.

Tipp: Werfen Sie das Laufwerk immer sicher aus, bevor Sie es vom Stromnetz trennen. Klicken Sie mit der rechten Maustaste auf das USB-Symbol und wählen Sie **Auswerfen aus,** oder ziehen Sie es in den Papierkorb (der sich in ein Auswurfsymbol verwandelt).

Anschließen von externem Zubehör:

Möchten Sie eine **Tastatur, eine Maus, eine externe Festplatte** oder **einen SD-Kartenleser** anschließen?

- Für kabelgebundene Geräte: Direkt an das MacBook oder einen USB-Adapter anschließen.

- Für drahtlose Geräte: Verwenden Sie **Bluetooth** (siehe oben).

Allgemeine Tipps zur Fehlerbehebung:

- Wenn Ihr Mac ein Gerät nicht erkennt, versuchen Sie, es vom Stromnetz zu trennen und wieder anzuschließen.

- Ein Neustart des Mac löst oft Verbindungsprobleme.

- Stellen Sie sicher, dass das Gerät eingeschaltet oder aufgeladen ist.

Kurzer Rückblick

☑ Sie haben eine WLAN-Verbindung hergestellt – Ihre Verbindung zum Internet

☑ Sie haben Bluetooth aktiviert und drahtloses Zubehör

☑ gekoppelt Sie haben einen Drucker eingerichtet und gelernt, wie USB-Laufwerke

☑ verwendet werden Sie haben mühelos Vertrauen in den Umgang mit externen Geräten gewonnen

Vernetzt zu sein ist mehr als ein technisches Feature – es ist Ihre Brücke zu Kommunikation, Lernen, Unterhaltung und Freude. Und jetzt, da Sie wissen, wie Sie in Verbindung bleiben können, steht Ihnen die digitale Welt zur Verfügung.

Kapitel 6: Internet- und E-Mail-Grundlagen

Sobald Sie mit dem WLAN verbunden sind, wird das **Internet** zu Ihrem Tor zur Welt – egal, ob Sie nach Informationen suchen, Nachrichten lesen oder mit Ihren Lieben chatten. Dieses Kapitel hilft dir, **dich mit Safari** (Apples Webbrowser) und **Mail** (deiner E-Mail-App) vertraut zu machen, zwei unverzichtbaren Tools für das tägliche Leben auf deinem MacBook.

Verwenden von Safari: Sicheres Surfen im Internet

Safari ist die App, mit der Sie Websites erkunden können. Es wird durch ein blaues Kompasssymbol dargestellt – du findest es in deinem **Dock** am unteren Bildschirmrand.

So öffnen Sie Safari:

- Klicken Sie einmal auf das **Safari-Symbol** , um es zu öffnen.

- Das Hauptfenster öffnet sich mit einer Suchleiste am oberen Rand.

So besuchen Sie eine Website:

1. Klicken Sie oben in die **Adressleiste** .

2. Geben Sie einen Websitenamen ein (z. B. *www.bbc.com* oder *www.google.com*).

3. Drücken Sie **den Zeilenschalter** auf der Tastatur.

Oder gib einfach eine Frage oder ein Thema ein – Safari durchsucht das Internet für dich!

Tipps für sicheres Surfen:

- Suchen Sie nach Websites, die mit **https** beginnen – das "s" steht für sicher.

- Vermeiden Sie es, auf Pop-ups oder Anzeigen zu klicken, die verdächtig erscheinen.

- Geben Sie niemals persönliche Daten auf einer Website ein, es sei denn, Sie vertrauen ihnen.

Safari-Kurzbefehl: Um zu einer vorherigen Seite zurückzukehren, klicken Sie auf den **Linkspfeil** oben links im Safari-Fenster.

Erstellen und Verwalten von Lesezeichen

Wenn Sie bestimmte Websites häufig besuchen, z. B. Nachrichten, Rezepte oder

Ihre Bank, können Sie **diese als Lesezeichen speichern** , damit Sie die Adresse nicht jedes Mal neu eingeben müssen.

So fügen Sie ein Lesezeichen hinzu:

1. Klicken Sie auf der Website **in der Menüleiste oben** auf "Lesezeichen".

2. Wählen Sie **Add Bookmark (Lesezeichen hinzufügen)** aus.

3. Benennen Sie es mit einem leicht zu merkenden Namen und klicken Sie auf **Hinzufügen**.

So öffnen Sie ein gespeichertes Lesezeichen:

- Klicken Sie **im oberen Menü erneut auf Lesezeichen** und wählen Sie das gespeicherte aus.

Sie können Lesezeichen auch in Ordnern organisieren, wenn Sie mehrere griffbereit haben möchten.

Einrichten und Verwenden von Apple Mail

Die integrierte Mail-App von Apple erleichtert das Senden und Empfangen von E-Mails. Das Symbol sieht aus wie eine Briefmarke – klicke es in deinem Dock an, um loszulegen.

So richten Sie E-Mail ein:

1. Öffnen Sie **Mail** zum ersten Mal.

2. Sie werden aufgefordert, sich mit Ihrer **E-Mail-Adresse und Ihrem Passwort** anzumelden.

3. Folgen Sie den Anweisungen – Ihre E-Mail-Adresse wird der App hinzugefügt.

Mail funktioniert mit Gmail, Yahoo, iCloud, Outlook und den meisten anderen E-Mail-Diensten.

So lesen Sie Ihre E-Mail:

- Öffnen Sie die **Mail-App**.

- Auf der linken Seite sehen Sie Ihren **Posteingang**. Klicken Sie hier, um neue Nachrichten anzuzeigen.

- Klicken Sie auf eine Nachricht, um sie auf der rechten Seite vollständig zu lesen.

So schreiben Sie eine neue E-Mail:

1. Klicken Sie auf das **Symbol "Neue Nachricht"** (ein Quadrat mit einem Bleistift).

2. Geben Sie die E-Mail-Adresse der Person in das Feld "An" ein.

3. Füge einen **Betreff** hinzu, z. B. "Hallo!" oder "Familienfotos".

4. Geben Sie Ihre Nachricht ein.

5. Klicken Sie auf **Senden** (Papierflugzeug-Symbol).

💡 **Tipp:** Du kannst Fotos auch anhängen, indem du im Nachrichtenfenster auf das **Büroklammer-Symbol** klickst und Dateien von deinem Mac auswählst.

Vermeidung von Spam- und Phishing-E-Mails

Während die meisten E-Mails sicher sind, versuchen einige möglicherweise, Sie dazu zu verleiten, persönliche Informationen preiszugeben. Diese werden als **Spam-** oder **Phishing-E-Mails** bezeichnet.

Anzeichen für eine verdächtige E-Mail:

- Es heißt, dass Sie einen Preis gewonnen haben, an dem Sie nicht teilgenommen haben.

- Sie werden aufgefordert, Ihre Bankverbindung oder Ihr Passwort zu bestätigen.

- Es hat viele Rechtschreibfehler oder fühlt sich dringend an.

Wenn etwas seltsam aussieht, **klicken Sie nicht auf Links und antworten** Sie nicht.

So löschen Sie es:

- Wählen Sie die Nachricht aus und klicken Sie auf das Papierkorbsymbol.

So melden Sie es als Junk-Papier:

- Klicken Sie auf die **Taste "Junk-Junk"** in der Mail-Symbolleiste.

☑ Denken Sie daran: Ihre Bank oder Apple werden Sie niemals per E-Mail nach vertraulichen Informationen fragen.

Kurzer Rückblick

☑ Du hast gelernt, wie du **mit Safari** sicher

☑ im Internet surfst Du hast deine

Lieblingswebsites mit **Lesezeichen**

☑ gesichert Du hast die Mail-App **zum**

Senden und Empfangen von E-Mails ☑ eingerichtet und verwendet Du hast gelernt, wie du **E-Mail-Betrug erkennst und vermeidest**

Das Internet kann ein wunderbarer Ort sein, wenn es mit Bedacht genutzt wird – und jetzt haben Sie einen großen Schritt in Richtung einer vertrauensvollen und sorgfältigen Nutzung gemacht.

Kapitel 7: Kommunikation mit Familie und Freunden

Eine der größten Freuden des Besitzes eines MacBook ist die Möglichkeit, **in der Nähe der Menschen zu bleiben, die Ihnen wichtig sind**, egal wie weit Sie voneinander entfernt sind. Egal, ob es sich um einen Videoanruf mit deinen Enkelkindern handelt oder um eine kurze "Ich denke an dich"-Nachricht an einen Freund, dein Mac macht es einfach – und angenehm.

Einrichten von FaceTime und Videoanrufen

FaceTime ist die in Apple integrierte App für Video- und Audioanrufe. Die Nutzung ist kostenlos und funktioniert auf jedem Apple-

Gerät – auch auf iPhones, iPads und MacBooks.

So öffnen Sie FaceTime:

- Klicke auf das **FaceTime-Symbol** (eine grüne Videokamera) im Dock oder Launchpad.

So richten Sie es ein:

1. Melden Sie sich mit Ihrer **Apple-ID** an (die gleiche, die Sie für den App Store oder iCloud verwenden).

2. Vergewissern Sie sich, dass die **Kamera und das Mikrofon** eingeschaltet sind (sie schalten sich in der Regel automatisch ein).

So tätigen Sie einen FaceTime-Anruf:

1. Öffne die FaceTime-App.

2. Geben Sie in der Suchleiste oben den Namen, die Telefonnummer oder die E-Mail-Adresse der Person ein, die Sie anrufen möchten.

3. Klicken Sie auf **Video**, um einen Videoanruf zu starten, oder **auf Audio** für einen reinen Sprachanruf.

Tipp: Wenn die Person in Ihren Kontakten gespeichert ist, beginnen Sie einfach mit der Eingabe ihres Namens, und es wird angezeigt.

Während des Anrufs:

- Klicken Sie auf die **rote Schaltfläche** , um aufzulegen.

- Klicken Sie auf das **Kamera-** oder Stummschaltsymbol, um Video oder Ton ein- oder auszuschalten.

💡 **Hilfreicher Tipp für Senioren:** FaceTime ist privat, sicher und perfekt, um Ihre Lieben zu "sehen", wenn ein Besuch nicht möglich ist – besonders an Feiertagen oder in besonderen Momenten.

Mit Nachrichten in Kontakt bleiben

Mit Nachrichten kannst du Textnachrichten, Fotos, Links und sogar Emojis senden – genau wie auf einem Smartphone. Es ist schnell, einfach und in dein MacBook integriert.

So öffnen Sie Nachrichten:

- Klicke auf das **Symbol "Nachrichten "** (eine blaue Sprechblase) im Dock.

So senden Sie eine Nachricht:

1. Klicken Sie auf das **Symbol Neue Nachricht** (Quadrat mit einem Bleistift).

2. Geben Sie die Telefonnummer oder die Apple-ID-E-Mail-Adresse der Person ein oder wählen Sie aus Ihren Kontakten aus.

3. Geben Sie Ihre Nachricht in das Feld unten ein.

4. Drücken Sie **die Eingabetaste** , um es zu senden.

So fügen Sie ein Foto hinzu:

- Klicken Sie auf das **Symbol "Fotos"** neben dem Textfeld.

- Wählen Sie ein Foto aus Ihrer Mediathek aus.

So verwenden Sie Emojis:

- Klicken Sie auf das **Smiley-Symbol** , um Ihrer Nachricht lustige Ausdrücke hinzuzufügen.

Nachrichten funktionieren auf allen Apple-Geräten – wenn deine Familie also iPhones oder iPads verwendet, erhält sie deine SMS sofort.

🏆 **Bonus-Tipp:** Sie können auch Gruppennachrichten an mehrere Personen gleichzeitig senden – perfekt, um die ganze Familie auf dem Laufenden zu halten.

Freigeben von Fotos und Dateien über iCloud

iCloud ist das sichere Speichersystem von Apple, mit dem du Fotos, Dateien und Dokumente auf all deinen Apple-Geräten teilen kannst – oder sogar per E-Mail oder Link mit anderen.

iCloud für Fotos verwenden:

1. Klicken Sie auf die **Fotos-App** (ein buntes Blumensymbol).

2. Vergewissern Sie sich, dass **iCloud-Fotos** aktiviert ist, indem Sie zu folgendem Link gehen:

   ○ **Systemeinstellungen > Apple-ID > iCloud > Fotos** → aktivieren Sie sie.

3. Jedes Foto, das du deinem Mac hinzugefügt hast, ist jetzt auch auf deinem iPhone, iPad oder anderen Apple-Geräten verfügbar (und umgekehrt).

So geben Sie ein Foto für eine andere Person frei:

1. Öffnen Sie **Fotos** und wählen Sie das Bild aus.

2. Klicken Sie auf die **Taste "Teilen"** (ein Quadrat mit einem Pfeil nach oben).

3. Wählen Sie **"Mail"** oder **"Nachrichten"** aus, je nachdem, wie Sie die Nachricht senden möchten.

So geben Sie eine Datei über den Finder frei:

1. Öffnen Sie **den Finder** und suchen Sie die Datei.

2. Klicken Sie mit der rechten Maustaste auf die Datei und wählen Sie **"> Mail teilen"**, **"Nachrichten"** oder **"Link**

kopieren" (bei Verwendung von iCloud Drive).

iCloud bewahrt auch deine wichtigen Dokumente sicher auf – selbst wenn deinem Computer etwas zustößt.

Kurzer Rückblick

☑ Du hast gelernt, wie du **FaceTime** für Video- und Audioanrufe

☑ verwendest Du hast Nachrichten mit der **Nachrichten-App**

☑ gesendet Du hast Fotos und Dokumente sicher über **iCloud geteilt**

Mit nur wenigen Klicks können Sie in Verbindung bleiben – nicht nur durch Worte, sondern auch durch Lächeln, Geschichten und gemeinsame Momente. Ihr MacBook ist nicht nur eine Maschine; Es ist

Ihre Brücke zu den Menschen, die Ihnen am wichtigsten sind.

Kapitel 8: Verwalten von Dateien und Ordnern

Dein MacBook ist nicht nur ein Werkzeug für E-Mails und das Surfen – es ist ein Ort, an dem du **alles aufbewahren und organisieren kannst, was dir wichtig ist**: Dokumente, Familienfotos, Briefe, Rezepte und mehr. In diesem Kapitel erfahren Sie, wie Sie Dateien und Ordner sicher erstellen, speichern, suchen und organisieren können.

Erstellen, Speichern und Organisieren von Dateien

Wenn du eine App wie **Pages** (zum Schreiben) oder "**Vorschau**" (zum Lesen von Dokumenten) verwendest, kannst du **deine Arbeit als Datei sichern** und zur späteren Verwendung auf deinem Mac speichern.

Erstellen und Speichern einer Datei:

Nehmen wir an, Sie schreiben einen Brief mit **Pages**:

1. Öffne die **Pages** App.

2. Geben Sie Ihren Buchstaben ein.

3. Wenn Sie fertig sind, klicken Sie **in der Menüleiste oben links** auf Datei.

4. Wählen Sie **Speichern** oder **Speichern unter**.

5. Geben Sie Ihrer Datei einen Namen, z. B. *"Brief an Sarah"*.

6. Wählen Sie aus, wo es gespeichert werden soll (wir empfehlen den **Ordner Dokumente**).

7. Klicken Sie auf **Speichern**.

Ihre Datei ist jetzt gespeichert und kann jederzeit geöffnet, bearbeitet oder geteilt werden.

Organisieren von Dateien in Ordnern:

Um Ordnung zu schaffen, ist es eine gute Idee, verwandte Dateien in Ordnern abzulegen – genau wie in einem Aktenschrank.

1. Öffnen Sie den **Finder** (Smiley-Symbol im Dock).

2. Navigieren Sie zu dem Ordner, in dem Sie einen neuen Ordner erstellen möchten (z. B. Dokumente).

3. Klicken Sie mit der rechten Maustaste auf eine beliebige Stelle im Leerraum.

4. Klicken Sie auf **Neuer Ordner.**

5. Geben Sie ihm einen Namen (z. B. "Familienbriefe" oder "Rezepte") und drücken Sie **den Zeilenschalter.**

6. Jetzt können Sie **Dateien in den Ordner ziehen,** um organisiert zu bleiben.

Tipp: Wenn Sie jemals den Überblick darüber verlieren, wo Sie etwas gespeichert haben, machen Sie sich keine Sorgen – wir behandeln das als Nächstes.

Verwenden des Finders, um alles zu lokalisieren

Der Finder ist das integrierte Tool deines Mac zum Suchen und Organisieren von Dateien – stell ihn dir wie deinen persönlichen Assistenten für alles auf deinem Computer vor.

So öffnen Sie den Finder:

- Klicken Sie auf das **Finder-Symbol** (lächelndes Gesicht) im Dock.

Das Finder-Fenster besteht aus zwei Teilen:

- **Seitenleiste auf der linken Seite:** Schneller Zugriff auf wichtige Speicherorte wie **Desktop**, **Dokumente**, **Downloads**, **Programme** und **iCloud Drive.**

- **Hauptbereich auf der rechten Seite:** Zeigt den Inhalt des ausgewählten Ordners an.

So finden Sie schnell eine Datei:

1. Öffnen Sie den Finder.

2. Verwenden Sie die **Suchleiste** in der oberen rechten Ecke.

3. Geben Sie ein Wort aus dem Dateinamen oder sogar ein Wort im Dokument ein.

4. Der Finder zeigt übereinstimmende Ergebnisse an.

Sie können auf ein beliebiges Ergebnis doppelklicken, um es zu öffnen.

🔦 **Seniorenfreundlicher Tipp:** Machen Sie sich keine Sorgen über das Auswendiglernen von Dateipfaden. Verwenden Sie die Suchfunktion, wenn etwas "verloren" gegangen ist. Es funktioniert genau wie Google – geben Sie ein, woran Sie sich erinnern, und Ihr Mac erledigt den Rest.

So verwenden Sie externe Laufwerke und USB-Sticks

Externe Laufwerke und USB-Sticks sind praktisch, wenn Sie **Dateien sichern**, **Dokumente übertragen** oder **Fotos** mit jemandem teilen möchten, der keine E-Mails verwendet.

Einstecken:

- Stecken Sie den USB-Stick oder das externe Laufwerk in den Anschluss Ihres MacBook.

- Wenn Ihr Mac nur über USB-C-Anschlüsse verfügt, benötigen Sie möglicherweise einen kleinen Adapter.

Sobald die Verbindung hergestellt ist:

- Auf Ihrem Desktop wird **ein neues** Symbol angezeigt.

93

- Das Laufwerk wird auch im **Finder** unter *"Standorte"* aufgeführt.

Kopieren von Dateien auf das Laufwerk:

1. Öffnen Sie **den Finder** und suchen Sie die Datei, die Sie kopieren möchten.

2. Klicken Sie darauf und **ziehen Sie es** auf das Symbol des USB-Laufwerks.

3. Die Datei wird automatisch kopiert.

Sicheres Auswerfen:

Vor dem Entfernen des Laufwerks:

- Klicken Sie mit der rechten Maustaste auf das Symbol des Laufwerks und wählen Sie **Auswerfen**.

- Oder ziehen Sie das Symbol in den Papierkorb (es ändert sich in ein Auswurfsymbol).

- Sobald es vom Bildschirm verschwindet, können Sie es sicher vom Stromnetz trennen.

Warum zuerst auswerfen? Es verhindert, dass Ihre Dateien während des Entfernens beschädigt werden oder verloren gehen.

Kurzer Rückblick

☑ Sie haben gelernt, wie Sie Dateien
☑ erstellen und speichern Sie haben Ihre Arbeit in Ordnern
☑ organisiert Sie haben den Finder verwendet, um Dokumente
☑ zu finden Sie haben USB-Laufwerke und externe Speicher sicher verwendet

Die Verwaltung Ihrer Dateien mag klein erscheinen, aber sie vermittelt **ein Gefühl**

von Ordnung, Kontrolle und Seelenfrieden
– vor allem, wenn Ihre persönlichen Briefe, wichtigen Dokumente und wertvollen Erinnerungen genau dort sind, wo Sie sie finden können.

Kapitel 9: Fotos, Musik und Unterhaltung

Dein MacBook ist mehr als nur ein Werkzeug für Nachrichten und Dateien – es ist ein Fenster zu deinen Lieblingsmomenten und -geschichten. Egal, ob du **an einem ruhigen Abend alte Familienfotos durchsehen, deine Lieblingssongs hören** oder **einen Film ansehen möchtest**, dein Mac macht es einfach und angenehm.

Anzeigen und Organisieren von Fotos

In der **Fotos-App** befinden sich alle deine Bilder – auch die Bilder, die mit deinem iPhone aufgenommen (sofern es mit iCloud verbunden ist) oder von einem USB-Stick oder einer Kamera importiert wurden.

So öffnest du die Fotos-App:

- Klicken Sie auf das **Symbol "Fotos "** (eine bunte Blume) im Dock oder Launchpad.

Betrachten Ihrer Bilder:

- Auf der linken **Seite sehen Sie** Bibliothek, Alben **und** Favoriten.

- Klicken Sie auf **Bibliothek** , um alle Ihre Bilder in der Reihenfolge anzuzeigen, in der sie aufgenommen wurden.

- Doppelklicken Sie auf ein beliebiges Foto, um es größer anzuzeigen.

Organisieren von Fotos in Alben:

1. Klicken Sie in der Fotos-App auf **Datei > neues Album**.

2. Benenne dein Album (z. B. *Familienausflug 2023*).

3. Wählen Sie die Fotos aus, die Sie hinzufügen möchten.

4. Ziehen Sie sie in Ihr neues Album.

Du kannst Alben für Geburtstage, Urlaube, Enkelkinder erstellen – was auch immer dir Freude bereitet.

Importieren von Fotos von einem USB-Stick:

1. Schließen Sie den USB-Anschluss an.

2. Öffnen Sie **Fotos**.

3. Klicken Sie auf **Datei > Importieren** und wählen Sie die Fotos von Ihrem USB-Laufwerk aus.

4. Klicken Sie **auf Für Import überprüfen** und dann auf **Alle importieren** (oder wählen Sie die gewünschten Dateien aus).

💡 **Tipp:** Markieren Sie Ihre Lieblingsbilder mit einem Herzsymbol – sie werden automatisch zu Ihrem **Favoritenalbum** hinzugefügt .

Bearbeiten und Teilen von Erinnerungen

Sie müssen kein Fotograf sein, um Ihre Fotos besser aussehen zu lassen. Mit der **Bearbeitungsfunktion** in der Fotos-App können Sie einfache Korrekturen mit wenigen Klicks vornehmen.

So bearbeiten Sie ein Foto:

1. Öffnen Sie ein beliebiges Foto.

2. Klicken Sie auf die **Schaltfläche Bearbeiten** (obere rechte Ecke).

3. Probieren Sie diese einfachen Tools aus:

   o **Automatisch** – Lassen Sie Ihren Mac Helligkeit und Kontrast automatisch anpassen.

   o **Zuschneiden** – Schneidet Teile des Bildes aus.

   o **Drehen** – Korrigieren Sie seitliche Fotos.

   o **Filter** – Fügen Sie lustige Effekte hinzu.

Wenn Sie zufrieden sind, klicken Sie auf **Fertig**.

So gibst du ein Foto frei:

1. Wählen Sie das Foto aus.

2. Klicken Sie auf die **Taste "Teilen** " (ein Quadrat mit einem Pfeil nach oben).

3. Wähle aus, wie du sie senden möchtest – per **Mail**, **Nachrichten** oder **AirDrop** (für die Freigabe von Apple zu Apple).

Verwenden von Apple Music, Podcasts und YouTube

Dein Mac kann alle Arten von Audiounterhaltung abspielen – von deinen Lieblings-Oldies bis hin zu Podcasts und Radiosendungen, die sich wie gute Gesellschaft anfühlen.

Apple Music (integriert):

- Klicken Sie auf die **Musik-App** (ein Symbol für Musiknoten).

- Sie können kostenlose Radiosender hören oder, wenn Sie ein Abonnement abschließen, auf eine große Bibliothek mit Songs zugreifen.

- Um einen Titel oder ein Album abzuspielen, klicken Sie auf **"Durchsuchen"** oder verwenden Sie die Suchleiste.

Bonus-Tipp: Wenn du kein Abonnement möchtest, kannst du trotzdem den **Tab "Radio"** in der Musik-App genießen – kostenlos zur Nutzung.

Podcasts (gesprochene Audio-Shows):

- Öffnen Sie die **Podcasts-App** (violettes Symbol mit Schallwellen).

- Stöbere nach Themen wie Geschichte, Glaube, Hobbys oder Nachrichten.

- Klicken Sie auf **Folgen** , um automatisch über neue Folgen auf dem Laufenden zu bleiben.

YouTube (über Safari):

1. Öffnen Sie **Safari** und gehen Sie zu www.youtube.com.

2. Verwenden Sie die Suchleiste, um nach Musikvideos, Shows oder anderen interessanten Themen zu suchen.

3. Klicken Sie hier, um abzuspielen. So einfach ist das.

💡 **Senioren lieben das:** Geben Sie Schlüsselwörter wie "entspannende Musik", "Kirchenpredigten" oder "klassische Comedy-Shows" ein – und genießen Sie eine endlose Bibliothek mit kostenlosen Inhalten.

Fernsehen und Filme auf Apple TV ansehen

Mit der **Apple TV App** kannst du Filme und Serien ausleihen oder streamen – sowohl kostenlos als auch kostenpflichtig. Du brauchst kein separates Apple TV-Gerät, um es auf deinem MacBook zu verwenden.

Apple TV öffnen:

- Klicken Sie auf das **TV-Symbol** im Dock oder Launchpad.

In der App:

- Durchsuchen Sie **"Jetzt ansehen"**, **"Filme"** und **"TV-Sendungen"**.

- Einige Inhalte sind kostenlos; Andere erfordern möglicherweise eine Mietgebühr oder ein Abonnement.

Um etwas zu sehen:

- Klicken Sie auf einen Titel und wählen Sie **dann "Wiedergabe"**, **"Leihen"** oder **"Abonnieren"** (je nach Verfügbarkeit).

- Lehnen Sie sich zurück und genießen Sie – im Vollbildmodus fühlt es sich an wie Ihr eigenes Heimkino.

Extra-Tipp: Verwenden Sie **Kopfhörer** für einen besseren Klang oder leises Hören spät in der Nacht.

Kurzer Rückblick

☑ Du hast Fotos in der **Fotos-App**

☑ geöffnet und organisiert Du hast grundlegende Fotobearbeitungen vorgenommen und Bilder ganz einfach

☑ geteilt Du hast Musik und Podcasts gehört und YouTube

☑ durchgesehen Du hast Filme und TV-Sendungen mit der **Apple TV App angesehen**

Egal, ob du dich entspannst, in Erinnerungen schwelgst oder etwas Neues entdeckst, dein MacBook eröffnet dir eine Welt der Unterhaltung – kein Kabel, keine CDs, kein Aufwand. Einfach klicken, genießen und lächeln.

Kapitel 10: Sicher und geschützt bleiben

Die Verwendung eines MacBook sollte sich sicher und stressfrei anfühlen – und die gute Nachricht ist, dass Apple seine Computer mit **Blick auf die Sicherheit entwickelt**. Aber genau wie beim Abschließen Ihrer Haustür gibt es ein paar einfache Gewohnheiten und Einstellungen, die Ihnen helfen können, Ihr digitales Leben privat, sicher und sorgenfrei zu halten.

In diesem Kapitel erfährst du, wie du **sichere Passwörter erstellst, Touch ID verwendest, Sicherheitseinstellungen verwaltest** und grundlegende Datenschutztipps erhältst, um online geschützt zu bleiben.

Erstellen sicherer Passwörter

Ihr Passwort ist die **erste Verteidigungslinie**
, um Ihr MacBook und Ihre Online-Konten
zu schützen. Ein sicheres Passwort ist:

- **Nicht leicht zu erraten**

- **Mindestens 8 Zeichen lang**

- **Eine Mischung aus Buchstaben, Zahlen und Symbolen**

So ändern oder legen Sie Ihr Mac-Passwort fest:

1. Klicken Sie auf das **Apple-Logo** (obere linke Ecke).

2. Gehen Sie zu **Systemeinstellungen** > **Benutzer & Gruppen**.

3. Klicken Sie auf Ihren Accountnamen und wählen Sie **dann "Passwort ändern"** aus.

Machen Sie es zu etwas, das **Ihnen in Erinnerung bleibt** , aber für andere schwer zu erraten ist. Vermeiden Sie Namen, Geburtstage oder einfache Wörter wie "Passwort".

💡 **Tipp für Senioren:** Wenn Sie Schwierigkeiten haben, sich Passwörter zu merken, verwenden Sie ein **Notizbuch** , das sicher zu Hause aufbewahrt wird, oder ziehen Sie einen vertrauenswürdigen Passwort-Manager wie 1Password oder den integrierten Schlüsselbund von Apple in Betracht.

Einrichten des Touch ID- oder Passwortschutzes

Wenn dein Mac über eine **Touch ID-Taste verfügt** (in der Regel bei neueren Modellen), kannst du deinen Fingerabdruck verwenden, anstatt jedes Mal dein Passwort einzugeben.

Touch ID einrichten:

1. Gehen Sie zu **den Systemeinstellungen** > **Touch ID & Passwort**.

2. Klicke auf **"Fingerabdruck hinzufügen"** und lege deinen Finger auf den Touch ID-Sensor (normalerweise die Taste oben rechts).

3. Befolgen Sie die Anweisungen auf dem Bildschirm.

Touch ID kann für folgende Zwecke verwendet werden:

- Mac entsperren

- Autorisieren von Käufen im App Store

- Passwörter automatisch ausfüllen

Wenn dein Mac nicht über Touch ID verfügt, mach dir keine Sorgen – ein sicheres Passwort ist genauso sicher.

Verwalten von Sicherheitseinstellungen und Betrugswarnungen

Apple bietet integrierte Sicherheitstools, um deinen Mac zu schützen, aber du kannst mit nur wenigen Klicks zusätzliche Schutzebenen hinzufügen.

Schalten Sie Ihre Firewall ein:

1. Gehen Sie zu **Systemeinstellungen** > **Network** > **Firewall**.

2. Schalten Sie es **ein** , um unerwünschte eingehende Verbindungen zu blockieren.

Automatische Updates aktivieren:

Softwareupdates enthalten wichtige Sicherheitskorrekturen.

So aktivierst du automatische Updates:

1. Gehen Sie zu **Systemeinstellungen** > **Allgemein** > **Software-Update**.

2. Stellen Sie sicher, dass **Automatische Updates** aktiviert sind.

Auf diese Weise bleibt dein Mac auf dem neuesten Stand und geschützt – ohne dass du etwas weiter tun musst.

Seien Sie vorsichtig bei betrügerischen Pop-ups und gefälschten Warnungen:

Manchmal sehen Sie beim Surfen im Internet Meldungen, die Dinge sagen wie:

- *"Ihr Mac ist infiziert!"*

- *"Rufen Sie diese Nummer an, um ein Problem zu beheben."*

- *"Klicken Sie hier, um Ihren Computer zu beschleunigen."*

Dabei handelt es sich fast immer um **Betrügereien. Klicken, rufen Sie nichts von diesen Pop-ups** an, rufen Sie es nicht auf und laden Sie es nicht herunter.

Was stattdessen zu tun ist:

- Schließen Sie den Browser-Tab sofort.

- Wenn sich etwas nicht schließen lässt, drücken Sie **Befehl + Q,** um die App zu beenden.

- Starten Sie Ihren Mac neu und führen **Sie sicherheitshalber** die Systemeinstellungen > Allgemein > Software-Update aus.

💡 **Freundliche Erinnerung:** Apple wird Sie **niemals** anrufen oder um Fernzugriff auf Ihren Computer bitten.

Verwenden von Time Machine zum Sichern Ihres Mac

Das Sichern deiner Dateien stellt sicher, dass du **keine wichtigen Dokumente, Fotos oder E-Mails verlierst,** selbst wenn etwas mit deinem Mac schief geht.

Das Backup-Tool von Apple heißt **Time Machine** – und sobald es eingerichtet ist, erledigt es alles automatisch.

So verwenden Sie Time Machine:

1. Schließen Sie eine externe Festplatte an (bitten Sie bei Bedarf um Hilfe bei der Auswahl).

2. Gehen Sie zu **den Systemeinstellungen** > **Time Machine**.

3. Wählen Sie das Laufwerk aus und klicken Sie auf **Als Backup-Laufwerk verwenden**.

Time Machine sichert Ihre Dateien jetzt regelmäßig – ohne zusätzliche Arbeit.

Kurzer Rückblick

☑ Du hast ein sicheres Mac-Passwort

☑ erstellt Du hast **Touch ID eingerichtet** (falls verfügbar)

☑ Du hast wichtige

Sicherheitseinstellungen und

automatische Updates

☑ aktiviert Du hast gelernt, wie du Online-Betrug und Pop-ups

☑ vermeiden kannst Du hast begonnen,

deine Dateien mit **Time Machine-Backups**

zu schützen

Ein sicheres MacBook ist ein friedliches MacBook – und jetzt, da du diese Sicherheitsgrundlagen beherrschst, kannst du die digitale Welt mit Zuversicht und Seelenfrieden erkunden.

Kapitel 11: Unverzichtbare Apps für den Alltag

Dein MacBook ist mehr als nur ein Computer – es ist ein persönlicher Assistent, der dir helfen kann , **organisiert zu bleiben, dir wichtige Termine zu merken, Wegbeschreibungen abzurufen, das Wetter zu überprüfen und vieles mehr.** Und das Beste daran? Viele dieser Tools sind bereits installiert und einsatzbereit.

In diesem Kapitel stellen wir Ihnen einige der nützlichsten Apps für das tägliche Leben vor – und zeigen Ihnen, wie Sie mit nur wenigen Klicks das Beste aus ihnen herausholen können.

Kalender, Notizen und Erinnerungen

Diese drei Apps eignen sich hervorragend, um Ihr Leben zu organisieren – egal, ob Sie sich an einen Arzttermin erinnern, ein Rezept notieren oder eine tägliche To-Do-Liste erstellen möchten.

Kalender

Die **Kalender-App** hilft Ihnen, Geburtstage, Termine, Feiertage und Ereignisse im Auge zu behalten.

So öffnen Sie es:

- Klicken Sie auf das **Kalendersymbol** (eine rot-weiße Seite) im Dock.

So fügen Sie ein Ereignis hinzu:

1. Klicken Sie auf die **Schaltfläche "+"** oben links.

2. Geben Sie den Namen des Ereignisses ein (z. B. "Mittagessen mit Mary").

3. Wählen Sie das **Datum und die Uhrzeit** aus.

4. Klicken Sie auf **Hinzufügen**.

Tipp: Du kannst Erinnerungen für bevorstehende Ereignisse festlegen, damit dein Mac dich im Voraus benachrichtigt.

Notizen

Die **Notizen-App** eignet sich perfekt zum Schreiben von allem, was du brauchst – Einkaufslisten, Passwörter, Geschenkideen oder Reflexionen.

So öffnen Sie es:

- Klicken Sie auf das **Notizensymbol** (ein gelb-weißer Notizblock) im Dock.

So erstellen Sie eine Notiz:

1. Klicken Sie auf die **Taste "Neue Notiz"** (ein Quadrat mit einem Bleistift).

2. Beginnen Sie mit der Eingabe. Notizen werden automatisch gespeichert.

Sie können auch **Checklisten hinzufügen**, **Fotos einfügen** oder **Notizen in Ordnern organisieren**.

Erinnerungen

Wenn du Hilfe beim Merken von Aufgaben benötigst, ist die **Erinnerungen-App** deine digitale To-Do-Liste.

So öffnen Sie es:

- Klicken Sie auf das **Symbol "Erinnerungen** " (eine weiße Liste mit farbigen Punkten).

So erstellst du eine Erinnerung:

1. Klicken Sie auf **Neue Erinnerung**.

2. Geben Sie Ihre Aufgabe ein (z. B. "Nehmen Sie Medikamente um 8 Uhr morgens ein").

3. Fügen Sie eine Uhrzeit oder ein Datum für eine Benachrichtigung hinzu.

Seniorenfreundlicher Tipp: Verwenden Sie Erinnerungen für Medikamente, Rechnungszahlungen oder sogar "Enkelkinder jeden Sonntag anrufen".

Verwenden von Karten und Wetter

Diese beiden Apps helfen Ihnen, **Ihren Tag zu planen**, egal ob Sie ausgehen oder einfach nur neugierig sind, was draußen passiert.

Landkarten

Mit der **App "Karten"** können Sie Wegbeschreibungen abrufen und Orte auf der ganzen Welt anzeigen.

So öffnen Sie es:

- Klicken Sie auf das **Kartensymbol** (ein blaues Kartensymbol).

So finden Sie eine Wegbeschreibung:

1. Geben Sie die Adresse oder den Namen des Ortes in die Suchleiste ein.

2. Klicken Sie auf **Wegbeschreibung**.

3. Geben Sie Ihren Startpunkt ein (Ihre Adresse wird oft automatisch hinzugefügt).

4. Wählen Sie **Fahren**, **Gehen** oder **Transit**.

5. Ihre Route wird mit einer Schritt-für-Schritt-Anleitung angezeigt.

Auch wenn du nicht mit dem Auto fährst, eignet sich die App "Karten" hervorragend, um Entfernungen zu überprüfen, Restaurants zu finden oder Sehenswürdigkeiten zu finden.

Wetter

Die **Wetter-App** informiert Sie über die aktuellen Bedingungen und Vorhersagen.

So öffnen Sie es:

- Öffnen Sie **Safari** und gehen Sie dann zu www.weather.com.

- Oder du kannst **Siri fragen,** indem du sagst: *"Wie ist das Wetter heute?"*

Du wirst sehen:

- Temperatur

- Wind und Feuchtigkeit

- 7-Tage-Vorhersage

Bonus-Tipp: Sie können mehrere Städte hinzufügen (z. B. wo Ihre Kinder leben), um auch das Wetter zu überprüfen!

Der App Store: So laden Sie nützliche Apps herunter

Im **App Store** findest du weitere Apps – viele davon sind kostenlos und wurden entwickelt, um das Leben einfacher, unterhaltsamer oder produktiver zu machen.

So öffnen Sie es:

- Klicken Sie auf das **App Store-Symbol** (ein weißes "A" auf blauem Hintergrund).

So lädst du eine App herunter:

1. Verwenden Sie die **Suchleiste** , um nach Apps wie den folgenden zu suchen:

   o "Zoom" für Videoanrufe

   o "Bibel" zum täglichen Lesen

   o "Solitär" für Spiele

2. Klicken Sie auf die **Schaltfläche "Abrufen"** (oder auf den Preis, wenn es

sich um eine kostenpflichtige App handelt).

3. Gib dein **Apple-ID-Passwort ein oder bestätige mit Touch ID** .

4. Die App wird installiert und auf deinem **Launchpad oder Dock angezeigt.**

💡 **Freundlicher Vorschlag**: Beginnen Sie mit einer oder zwei einfachen Apps, die Ihren Interessen entsprechen – es gibt keine Eile, sie alle zu erkunden.

Kurzer Rückblick

☑ Du hast **Kalender, Notizen und Erinnerungen verwendet,** um organisiert

☑ zu bleiben. Du hast Karten **nach Wegbeschreibungen und** Wetter **durchsucht** , um deinen Tag

☑ zu planen. Du hast gelernt, wie du

hilfreiche Apps aus dem App Store findest und lädst.

Mit nur wenigen Basis-Apps wird dein MacBook zu deinem persönlichen Planer, Tagebuch, Assistenten und täglichen Helfer – ganz auf Knopfdruck.

Kapitel 12: Fehlerbehebung und Tipps

Selbst mit einem benutzerfreundlichen Gerät wie einem MacBook läuft es nicht immer perfekt – und das ist in Ordnung. Egal, ob eine Schaltfläche nicht reagiert, eine Datei verloren geht oder sich etwas einfach "falsch" anfühlt, dieses Kapitel hilft Ihnen, **häufige Probleme schnell und ruhig zu lösen.**

Denken Sie daran: Sie können Ihr MacBook nicht versehentlich "kaputt machen". Für die meisten Probleme gibt es einfache Lösungen, und Sie sind nicht allein. Lassen Sie uns einige der hilfreichsten Tipps und Tricks durchgehen.

Häufige Probleme Schritt für Schritt beheben

Problem 1: "Mein Bildschirm ist eingefroren."

- **Lösung:** Halten Sie die **Ein-/Aus-Taste gedrückt** , bis der Bildschirm schwarz wird.

- Warten Sie 10 Sekunden, und drücken Sie dann erneut die Taste, um den Neustart zu starten.

Tipp: Dies wird als "erzwungener Neustart" bezeichnet. Das ist sicher, wenn dein Mac nicht reagiert.

Problem 2: "Eine App lässt sich nicht schließen."

- Klicke auf das **Apple-Logo** (oben links) und wähle "**Beenden erzwingen**" aus.

- Wählen Sie die App aus, die nicht reagiert, und klicken Sie auf **Beenden erzwingen**.

Dadurch wird Ihr Computer nicht beschädigt – es ist, als würden Sie eine festsitzende Tür sanft schließen.

Problem 3: "Ich kann eine gespeicherte Datei nicht finden."

- Öffnen Sie **den Finder** (Smiley-Symbol).

- Klicken Sie auf die **Suchleiste** (obere rechte Ecke) und geben Sie einen Teil des Dateinamens oder ein Wort ein, an das Sie sich erinnern.

- Wenn du sie immer noch nicht finden kannst, sieh in **der Finder-Seitenleiste** nach "Downloads", "Dokumente" **oder** "Desktop" nach.

Problem 4: "Ich habe keinen Ton."

- Vergewissern Sie sich, dass die **Lautstärke erhöht ist** (verwenden Sie die Lautsprechertasten oben auf der Tastatur).

- Gehen Sie zu **Systemeinstellungen > Sound** und prüfen Sie, ob der richtige Lautsprecher ausgewählt ist.

- Wenn Sie Kopfhörer verwenden, stellen Sie sicher, dass sie richtig angeschlossen oder über Bluetooth verbunden sind.

Problem 5: "Mein WLAN funktioniert nicht."

- Klicken Sie auf das **WLAN-Symbol** oben auf dem Bildschirm.

- Schalten Sie WLAN **aus** und wieder **ein**.

- Starten Sie bei Bedarf Ihren Mac neu und stellen Sie die Verbindung zu Ihrem Heimnetzwerk wieder her.

Senior-Tipp: Wenn ein Problem weiterhin besteht, kann es oft durch einen Neustart des Mac behoben werden. Scheuen Sie sich nicht, zuerst einen Neustart zu versuchen.

Wann sollte neu gestartet oder aktualisiert werden?

Wie jeder Computer muss auch Ihr Mac manchmal aktualisiert werden.

Wann neu starten:

- Apps laufen langsam

- Sie bemerken Störungen oder Verzögerungen

- Das System fühlt sich "festgefahren" an

Klicken Sie auf das **Apple-Logo** > **auf Neustart**. Warten Sie, bis es heruntergefahren und wieder gestartet wird – dies beseitigt kleine Speicherprobleme.

Wann aktualisieren:

- Sie werden aufgefordert, Updates zu installieren

- Sie möchten die neuesten Funktionen oder Sicherheitsupdates

So suchen Sie nach Updates:

1. Klicken Sie > Systemeinstellungen **auf das Apple-Logo**.

2. Wählen Sie **Software-Update** aus.

3. Wenn ein Update verfügbar ist, klicken Sie auf **Jetzt aktualisieren**.

Apple-Updates sind sicher und dauern in der Regel nur wenige Minuten.

Wo bekomme ich Hilfe? (Apple Support und Foren)

Sie müssen sich nie alleine einem Problem stellen – es gibt jede Menge Hilfe.

1. Apple Support-Webseite:

Gehe zu support.apple.comGib deine Frage ein (z. B. "So druckst du ein Foto") und stöbere in hilfreichen Artikeln.

2. Apple Support App:

Lade die kostenlose **Apple Support** App aus dem App Store herunter. Es bietet Live-Chat, Tutorials und Planungshilfe.

3. In-Person Help:

Besuche einen **Apple Store** und sprich mit einem **Techniker der Genius Bar** – die Termine sind kostenlos.

Tipp: Bringen Sie Ihr MacBook und Ihre Apple-ID mit, wenn Sie persönlich vorbeikommen.

Ordnungsgemäßes Zurücksetzen oder Herunterfahren

Herunterfahren:

1. Klicken Sie auf das **Apple-Logo**.

2. Wählen Sie **Herunterfahren** aus.

3. Warten Sie, bis der Bildschirm schwarz wird, bevor Sie den Deckel schließen.

Zurücksetzen (wenn sich Ihr Mac schlecht verhält):

- Verwenden Sie **Neustart** aus demselben Menü. Dadurch werden keine Dateien gelöscht, sondern das System wird lediglich aktualisiert.

Wichtig: Führen Sie nur dann einen vollständigen Reset (Zurücksetzen auf die Werkseinstellungen) durch, wenn Sie vom

137

Apple Support dazu aufgefordert werden oder wenn Sie Ihren Mac verschenken.

Kurzer Rückblick

☑ Sie haben gelernt, wie Sie häufige Probleme wie Einfrieren, keinen Ton oder fehlende Dateien

☑ beheben können Sie haben verstanden, wann und wie Sie **Ihren Mac**☑ neu starten oder aktualisieren müssen Sie haben herausgefunden, wo Sie **vertrauenswürdige Hilfe erhalten**, sowohl online als auch persönlich

☑ Sie haben sicheres Herunterfahren und Zurücksetzen geübt

Die Technologie mag manchmal ein Spiel spielen, aber jetzt **wissen Sie genau, was zu tun ist – ruhig, klar und selbstbewusst.** Du hast einen langen Weg zurückgelegt und hast die Werkzeuge, um stark zu bleiben.

BONUS-BEREICH:

Kurzanleitung & praktische Anleitungen

Dieser Bonusbereich ist dein **MacBook-Spickzettel** – perfekt für schnelle Erinnerungen, einfache Fehlerbehebungen und tägliche Hilfe, ohne das ganze Buch durchsuchen zu müssen.

MacBook-Tastaturkürzel (Liste der seniorenfreundlichen Tastenkombinationen)

Mit diesen einfachen Tastenkombinationen können Sie Zeit sparen:

- **Befehl (⌘) + C** = Kopieren

- **Befehl (⌘) + V** = Einfügen

- **Befehl (⌘) + Z** = Rückgängig machen

- **Befehl (⌘) + Q** = App beenden

- **Befehl (⌘) + P** = Drucken

- **Befehl (⌘) + Leertaste** = Spotlight-Suche öffnen

- **Befehl (⌘) + Tab** = Zwischen geöffneten Apps wechseln

- **Befehl (⌘) + Umschalt + 3** = Screenshot des Bildschirms machen

Tipp: Machen Sie sich keine Sorgen, wenn Sie diese vergessen haben. Sie können Aufgaben jederzeit manuell erledigen – Tastenkombinationen sind nur optionale Zeitersparnisse.

Checkliste für die Internetsicherheit

Bevor Sie auf einer Website klicken oder tippen:

☑ Ist die Adresse der Website korrekt? (Achten Sie auf seltsame Schreibweisen.)

☑ Beginnt es mit "**https**"? (Die **s** bedeutet sicher.)

☑ Vermeiden Sie Pop-ups mit der Meldung "Ihr Mac ist infiziert"?

☑ Geben Sie niemals Bankdaten, Passwörter oder persönliche Daten weiter, es sei denn, es handelt sich um eine vertrauenswürdige Website.

☑ Wenn Sie sich nicht sicher sind, schließen Sie die Seite. Sie können jederzeit jemanden fragen oder sich bei Apple erkundigen.

Tägliche Tipps zur Mac-Wartung

Es ist einfach, Ihren Mac in gutem Zustand zu halten, wenn Sie es nach und nach tun:

- ✓ **Schließen Sie Apps, die Sie nicht verwenden** , um einen reibungslosen Betrieb zu gewährleisten

- ✓ **Starte deinen Mac einmal pro Woche neu** – beseitigt kleine Fehler

- ✓ **Wöchentliches Backup mit Time Machine** (falls eingerichtet)

- ✓ **Reinigen Sie Ihre Tastatur und Ihren Bildschirm vorsichtig** mit einem weichen Tuch

- ✓ **Löschen Sie alte Dateien, die Sie nicht mehr benötigen** – so bleibt Ihr Mac aufgeräumt und schnell

Glossar: Gängige Fachbegriffe leicht gemacht

App – Ein Programm, mit dem Sie etwas tun können, z. B. E-Mails oder Fotos

Dock – Die Reihe von Symbolen am unteren Rand Ihres Bildschirms

Finder – Ein Tool zum Durchsuchen und Öffnen Ihrer Dateien und Ordner

iCloud – Apples Online-Speicher für Fotos, Dateien und Backups

Touch ID – Eine Fingerabdrucktaste zum Entsperren Ihrer

Mac-Menüleiste – Der obere Streifen Ihres Bildschirms mit Systemoptionen

Wi-Fi – Drahtlose Verbindung zum Internet

Bluetooth – Drahtlose Verbindung für Kopfhörer, Lautsprecher oder Tastaturen

Systemeinstellungen – Hier können Sie die

Einstellungen Ihres Mac anpassen (auch als Einstellungen bezeichnet)

Safari – Apples Internetbrowser

Desktop – Der "Home"-Bildschirm, auf dem Ihre Ordner oder Dateien abgelegt werden können

Checkliste am Ende des Kapitels: Haben Sie...?

Hier erfährst du, wie du dein MacBook

einschaltest, einrichtest und personalisierst Mit dem WLAN verbunden bist, Safari verwendet und deine erste E-Mail

gesendet hast einen FaceTime- oder Videoanruf mit einem Freund oder Familienmitglied

getätigt hast Dateien und Fotos in Ordnern oder Alben

organisiert Musik, Podcasts oder Filme

erkundet hast gelernt, wie du einfache Probleme behebst und bei Bedarf

Hilfe erhältst Sie haben das Selbstvertrauen gewonnen, Apps zu erkunden, die zu Ihrem Leben und Ihren Interessen passen

Wenn du die meisten davon überprüft hast, hast du einen langen Weg zurückgelegt – und dein MacBook ist jetzt ein hilfreicher Teil deiner täglichen Routine.

Letzte Worte: Eine Notiz des Autors

Liebe Leserin, lieber Leser,

Wenn Sie es bis zu dieser letzten Seite geschafft haben, möchte ich, dass Sie einen Moment innehalten – und stolz sind.

Du hast nicht nur ein Buch aufgeschlagen. Du hast die Tür geöffnet, um etwas Neues zu lernen, etwas, das sich einst vielleicht einschüchternd oder sogar unerreichbar angefühlt hat. Und du hast es mit Geduld, Neugier und Mut getan.

Egal, ob du diese Reise begonnen hast, um dich wieder mit deinen Lieben zu verbinden, das Internet zu erkunden, deine Erinnerungen zu ordnen oder dich einfach in einer digitalen Welt unabhängiger zu fühlen – ich hoffe, dieser Leitfaden hat dir geholfen, dich mit deinem MacBook zu Hause zu fühlen und mehr Vertrauen in deine Fähigkeiten zu haben.

Denken Sie daran, dass das Lernen hier nicht aufhört. Sie können zu jedem Kapitel zurückkehren, wenn Sie eine Auffrischung benötigen. Sie können neue Apps ausprobieren, neue Tools erkunden oder einfach nur Ihre Lieblingsfunktionen mit Leichtigkeit genießen.

Und wenn mal etwas schief geht? Das ist okay. Jeder – ja, jeder – hat Momente der Verwirrung mit der Technologie. Aber jetzt weißt du, wie du mit diesen Momenten umgehen kannst, ruhig und klar.

Ihr MacBook ist leistungsstark, aber Sie sind es auch. Also mach weiter – erkunde, erschaffe, verbinde dich und genieße jeden Moment.

Mit all meiner Ermutigung,

[ALBERT F. JOHNSON]

www.ingramcontent.com/pod-product-compliance
Lightning Source LLC
La Vergne TN
LVHW051345050326
832903LV00031B/3744